Juan Lujan

El Potencial del Turismo Accesible

AF167398

Juan Lujan

El Potencial del Turismo Accesible

Una aproximación a la inclusión académica desde la Valoración de las Potencialidades Múltiples

Dictus Publishing

Imprint
Any brand names and product names mentioned in this book are subject to trademark, brand or patent protection and are trademarks or registered trademarks of their respective holders. The use of brand names, product names, common names, trade names, product descriptions etc. even without a particular marking in this work is in no way to be construed to mean that such names may be regarded as unrestricted in respect of trademark and brand protection legislation and could thus be used by anyone.

Cover image: www.ingimage.com

Publisher:
Dictus Publishing
is a trademark of
Dodo Books Indian Ocean Ltd., member of the OmniScriptum S.R.L Publishing group
str. A.Russo 15, of. 61, Chisinau-2068, Republic of Moldova Europe
Printed at: see last page
ISBN: 978-613-7-35595-4

Copyright © Juan Lujan
Copyright © 2021 Dodo Books Indian Ocean Ltd., member of the OmniScriptum S.R.L Publishing group

El Potencial del Turismo Accesible

Una aproximación a la inclusión académica desde la Valoración de las Potencialidades Múltiples

Autor: Juan Enrique Luján Anzola

Marzo 2017

Agradecimientos:

A Dios por todas sus bendiciones.

¡A mi familia por todo su apoyo, se les quiere!

A Mi China, mi amadísima esposa María Virginia por siempre estar junto a mí.

A Ximena, Xavier y Sara / Juan por ser siempre el motivo.

A mis amistades, pocas, pero muy valiosas.

INDICE

A manera de prólogo...

El mundo actual se presenta como un escenario en el que versiones contrapuestas de la realidad se desarrollan de forma paralela, tal es el caso de quienes consideran que la dinámica social está sujeta de forma ineludible a un modelo económico que ha demostrado ser excluyente por naturaleza , y existe otra parte de la sociedad que ha comprobado en múltiples instancias que la valoración de las características que nos definen como humanos, imperfectos, multidiversos, pero igualmente valiosos, que busca por encima de todo tocar las fibras más sensibles para despertar la conciencia de la población ante el tema del respeto por la diversidad.

En lo particular, me sumo al segundo grupo de personas, en especial a partir de las vivencias que han permitido "ponerme en los zapatos" de los excluidos del sistema, quienes independientemente de sus características *identitarias* o contextuales, tienen en común su lucha permanente en la búsqueda de transformar la sociedad en un espacio mucho más incluyente, equitativo y sensible, es decir mucho, más humano.

Es necesario entonces, presentar algunos argumentos que puedan ser útiles para sensibilizar y contribuir a la disminución o eliminación de la persistente exclusión en el contexto social, a un espacio dinámico y expuesto a adecuaciones constantes como lo es el de la actividad turística y más específicamente la transformación referida al Turismo Accesible.

CAPITULO I

"Las pequeñas emociones son las grandes capitanas de nuestras vidas

y las obedecemos sin saberlo"

Frida Kahlo La percepción de los "diferentes"

Este texto no pretende hacer una suerte de ejercicio egocéntrico de experiencias vividas en torno a la discapacidad. Por el contrario, pretende presentar una disertación acerca de las situaciones a las que han estado sujetos algunos integrantes de la sociedad que por contar con condiciones especiales, han sido denominados *"Personas con Discapacidad"* siendo sujetos excluidos de la dinámica social por diversas razones, pero todas ellas sustentadas en una visión asociada a las limitaciones, y pero aún a la minusvalía, pasando consciente o inconscientemente por sobre todo derecho y deber ciudadano y humano.

En este sentido, aspiro a presentar resultados de una investigación que, a partir de lo experiencial, pueda generar aportes útiles como herramientas para motivar y fortalecer los procesos de integración e inclusión de quienes integran este interesante grupo humano, a partir de un contexto que de manera intrínseca se encuentra en una búsqueda de la transformación para responder a las necesidades sociales en diversos ámbitos, siendo uno de ellos la actividad turística.

Comienzo resaltando que desde tempranas épocas en mi vida estuve relacionado directa o indirectamente a *"Personas con Discapacidad"*, esto debido a que mi madre trabajaba durante mi infancia como Terapista del Lenguaje en el Centro de Desarrollo Infantil ubicado en el estado Mérida, en las inmediaciones del Hospital Universitario.

Allí, aplicaba terapias a niños y niñas con quienes pude compartir sesiones de juegos y aprendizajes significativos, que independiente e indiferentemente de sus condiciones eran igualmente amigos(as) con los que disfrutábamos aquellas jornadas. Mi madre me comentó recientemente, mi continua búsqueda para que antes de la llegada a su cubículo cualquier paciente, yo inmediatamente le consultaba: "¿es sordo(a)?, ¿con Síndrome de Down?, ciego(a) o ¿cuál es su condición?, para disponerme a organizar todo y recibirle con los juegos o actividades adecuados a sus condiciones para hacer más participativa y agradable la jornada.

Creo que, desde entonces, empecé a entender que el asunto de la igualdad social correspondía a un pilar fundamental sustentado en los valores humanos y la "comprensión del otro" sobre todo de las condiciones de cada individuo que participa y se integra a partir del reconocimiento de sus potencialidades (actitudes, aptitudes y experiencias).

De manera indirecta, percibí que el problema de la exclusión social, y específicamente el referido a las *Personas con Discapacidad"*, nace de una concepción simplista asociada a las limitaciones del entorno social que no valora las potencialidades de quienes le integran, sino que más bien destaca por sobre todo su propia incapacidad de posibilitar el desarrollo armónico del individuo, respetándolo y valorándolo por todos los aportes que desde la condición personal cada quien puede generar.

En definitiva, el problema de la integración y la inclusión a mi modo de ver radica en la tendencia a la exclusión de las *Personas con Discapacidad"*, sin entender que desde la comprensión del otro se puede construir una sociedad equitativa, inclusiva e incluyente. La solución parte fundamentalmente desde el hecho socioeducativo, a través del cual se pueda construir una nueva estructura paradigmática sobre la discapacidad con todas las modificaciones que surjan de esta nueva concepción.

La inclusión social...una necesidad imperativa

Tuve la suerte de ingresar al Sistema Educativo formal de primaria y bachillerato con un grupo de compañeras y compañeros dentro de los que se encontraba un estudiante que tenía parálisis cerebral. Desde aquel entonces, noté cómo en muchas de las actividades que se llevaban a cabo, y sobre todo, cuando practicábamos algún deporte durante las jornadas liberadoras de adrenalina, gritos y libertad fuera del aula, que el compañero en cuestión no podía incluirse en aquellas actividades lúdicas, no por su condición, sino porque quienes estábamos "acompañándole" no lo integrábamos a las mismas, incluso en ocasiones me llamaba la atención ver cómo se entusiasmaba cuando nos acercábamos a él y le permitíamos algún juguete (pelota, muñecos, pistolas, palos, etc.) intentando sumarse a los juegos.

Incluirlo en el juego se hacía imposible, porque de inmediato era restringido por la profesional que le asistía en su escolaridad, a quien necesitaba en la escuela debido a que se encontraba en una silla de ruedas eléctrica, que se movía con una palanquita manejada por él. Desde ahí nuestro amigo, con alguna regularidad intentaba salir disparado del lugar en el que se encontrara sobre todo cuando se sentía incómodo para moverse a otro espacio., y ¿cómo no iba a querer hacerlo, en un contexto tan excluyente y limitante como el del aquellas aulas y sesiones de clases que no se ajustaban a sus necesidades ni expectativas?

Cuando expreso que tuve la suerte de estudiar con este compañero, me refiero a que siendo un muchacho escolar pude comprender desde su mirada, las dificultades que padecen algunos y que se derivan de un espacio en que a pesar de que en el mismo se declara reconocer las características de cada quien, no suele ajustarse a cada realidad y mucho menos permite el desarrollo de cada individuo de manera armónica y participativa.

Desde ese momento constaté que la vida de quienes contaban con alguna condición especial, en efecto, era mucho más complicada que la del resto de la gente, puesto que la óptica que la sociedad tenia para ese entonces seguia siendo la situación discapacitante y no la condición de cada persona.

Históricamente, desde que los espartanos decidieron prescindir de todo aquél que tuviese alguna condición biológica limitante, los pueblos han optado por excluir de facto a aquellos individuos que no cuenten con las mejores condiciones físicas para responder a la dinámica de las relaciones sociales aunque se haya avanzado en el último siglo y podamos contar con una sociedad un poco más sensibilizada al menos en la declaración de los principios.

Adicionalmente, durante la infancia/adolescencia compartí jornadas de juegos, bailes, cantos, obras de teatro, campamentos, parrandas navideñas, como integrante de un grupo multifacético y diverso de jóvenes conformado por niños(as), adolescentes y adultos(as) con diversos tipos de condiciones (auditiva, cognitiva, visual y/o motriz) en la sede de la Asociación Merideña de Padres y Amigos de Niños Excepcionales (AMEPANE) ubicada en la Urbanización Belensate, al sur de la ciudad.

De esta época destaco lo agradables y enriquecedoras que eran los ensayos de canciones y obras de teatro en un grupo al que llamaron *"Los Bordones"*, en donde aprendimos música de todas partes del mundo, interpretándola vocalmente y en Lengua de Señas Venezolana, así como jornadas de interpretaciones y bailes en donde lo que prevalecía era el disfrute de todos(as) por igual sin excepciones de ningún tipo. Allí, asistían niños con discapacidad cognitiva, psíquica, visual, auditiva y por ende un contexto al que puedo catalogar como verdaderamente integrador e incluyente.

La experiencia en *"Los Bordones"*, me dejó ver que cuando se valora la participación de manera equitativa de cada integrante de un contexto social específico, se puede lograr potenciar de manera natural y armónica el desarrollo de cada integrante de dicho sistema y la evolución del sistema mismo.

Más adelante, al ingresar a la Universidad de los Andes (ULA) cerca del año 1997 observé que las cosas no eran distintas a lo que había observado y vivido anteriormente, ya que se levantaban como inmensos muros a la vista de todos, pero reconocidos por muy pocos en relación con los "diferentes". Me percaté entonces, de las múltiples barreras que la sociedad de manera estructural ante la posibilidad de inclusión de las *Personas con Discapacidad*.

A partir de este momento, y para efectos de contribuir con una nueva perspectiva del tema, nos referiremos a los "diferentes" como: *"Personas de Potencialidades Múltiples"*, esto en aras de disminuir el problema de la ruptura semántica existente en relación con entender quiénes forman parte de este selecto grupo de personas.

Por el contrario, de lo esperado la exclusión de los estudiantes con discapacidad en el contexto universitario, al igual que en las etapas educativas previas, se asumía con total naturalidad por parte de quienes participaban en los espacios académicos, comenzando con los profesores, cosa particularmente extraña, pues son un grupo de profesionales altamente capacitados y formados para responder a las demandas de la sociedad, pasando por el personal administrativo y de mantenimiento, hasta llegar a las autoridades universitarias, dejando por fuera alguno que otro destacado integrante que pudiera haber estado sensibilizado(a) por el hecho de que seguramente tendría alguna persona allegada con alguna condición y por ello mostraba mayor disposición a colaborar en el proceso de integración de los pocos estudiantes que contaban con tales características.

Durante mis estudios de la carrera universitaria de Geografía, en la Facultad de Ciencias Forestales y Ambientales de la Universidad de los Andes, recuerdo con claridad que en los trabajos de campo llevados a cabo en las comunidades a lo largo del territorio nacional, observé múltiples situaciones en las que la exclusión se hacía presente.

Dentro de los ejemplos que destacan en mis salidas de campo, refiero que pude observar a jóvenes con Síndrome de Down relegados en los ventanales de sus casas, o de las casas de sus vecinos pues no podían andar libremente por las calles de la comunidad, sin tener ni la posibilidad de participar en las actividades sociales de su entorno, a menos que fuesen acompañados por sus padres o familiares de manera imperativa. Jóvenes sordos desplazados sin poder estudiar o trabajar debido a la falta en el manejo de alguna forma de comunicación efectiva ya que ni habían aprendido a leer o a escribir, ni podían contar con un intérprete que manejara la Lengua de Señas Venezolana, entre otros muchos eventos circunstanciales observados.

Una posibilidad de tomar partido

Cuando cursé la Licenciatura en Educación, Mención Ciencias Sociales, en la Facultad de Humanidades de la Universidad de los Andes, se me ofreció la posibilidad de participar como docente invitado de dictar la cátedra de Geografía dirigida a un grupo mixto de estudiantes sordos(as) y/o ciegos(as), que se encontraban formándose como docentes.

Esta circunstancia fue posible gracias a una iniciativa desarrollada por investigadores coordinados por la Doctora Myriam Anzola, quienes conformaron la Cátedra Libre de Discapacidad, encargada de propiciar y apoyar los espacios de inclusión de esta población en la universidad. Fue una experiencia sumamente interesante y enriquecedora pues, además de investigar sobre las herramientas adecuadas para lograr que los estudiantes construyesen sus aprendizajes, igualmente tuvimos la oportunidad de diseñar e implementar estrategias de enseñanza innovadoras, al menos en ese espacio, que se pudieran ajustar a la población estudiantil referida.

Todo ello desde acuñamientos de nuevos términos relacionados con la ciencia geográfica en Lengua de Señas Venezolana, hasta el diseño de mapas con relieve para su posterior lectura dactilológica y su respectiva interpretación para personas ciegas, pasando por salidas de campo con todos los integrantes de la cátedra, hecho fundamental del trabajo científico-geográfico, para el levantamiento de información in situ, previendo consideraciones en cuanto a los lugares a ser visitados como accesibilidad, morfología del terreno, distancias, entre otras variables, así como la asistencia de apoyo de intérpretes en LSV para lograr los objetivos que se fundamentaban en brindar herramientas a estudiantes ciegos(as) y/o sordos(as) para la interpretación del espacio geográfico y su posterior análisis para poder manejar estas técnicas en posteriores procesos de enseñanza-aprendizaje.

Esta experiencia me confirmó que efectivamente es posible la inclusión de todas y todos a cualquier contexto, siempre y cuando dicho contexto sea flexible y valore las potencialidades de cada personas en vez de encasillarse en las cosas que no pueda concretar, ya que esa imposibilidad se hace posible justo cuando al sistema y quienes lo integran se hacen "de la vista gorda", es decir, no le toman importancia a brindarle posibilidades de integrarse e incluirse a cualquiera de los espacios del contexto.

Aún en la actualidad y luego de promover la inclusión de personas con potencialidades múltiples por parte de la Cátedra Libre de Discapacidad en la Universidad de Los Andes, continúan presentándose múltiples dificultades para poder generar procesos de desarrollo académico incluyente. Esta situación se extiende a lo largo de las instituciones universitarias autónomas del país, debido a que aún se manejan bajo estructuras administrativas y educativas arcaicas, academicistas y difícilmente modificables para responder a la realidad actual. Este hecho refleja que, en efecto, aún hay mucho por hacer y mucho más por cambiar en la sociedad al respecto a la inclusión, la igualdad y el equilibrio de niveles de participación.

Recientemente, en nuestro país he visto algunos avances en cuanto a procesos de integración en diversos ámbitos de la sociedad venezolana. Se puede mencionar la participación de personas con Síndrome de Down en algunos establecimientos de comida rápida, laborando en áreas de atención al público. Igualmente la existencia de docentes sordos en las escuelas de educación especial y en ámbitos universitarios, las adecuaciones de infraestructuras tanto de las instituciones públicas como de las empresas privadas en términos de mayor y mejor accesibilidad, dentro de los principales aspectos, pero continúan siendo insuficientes ante la sostenida óptica asistencialista-remedial de la sociedad frente a las potencialidades múltiples, y no desde la "comprensión del otro" o la valoración de sus aptitudes y actitudes.

En el año 2011, tuve la oportunidad de trabajar como Coordinador de Educación Especial de la Zona Educativa Número Catorce (14) del estado Mérida. Allí observé varias situaciones que quisiera destacar pero en especial debo mencionar las múltiples carencias que afectan a quienes han dedicado sus esfuerzos y parte importante de sus vidas al promover los procesos de inclusión de personas con potencialidades múltiples, enmarcada esta situación en el paradigma decadente que considera a la persona con condiciones especiales desde la perspectiva asistencialista y no valorativa de las potencialidades de cada individuo ya que esto implica una verdadera transformación social e institucional. Entender el problema desde la institucionalidad, implica una revolución del pensamiento frente la indolencia y apatía del sistema administrativo ante la diversidad humana. Requiere de la construcción de nuevos cimientos en las mentes de cada individuo para desarrollar la suficiente sensibilidad ante las diferencias.

En épocas más recientes (2012), laborando en la División de Asuntos Sociales y Participación Ciudadana de la Universidad Nacional Experimental de las Fuerzas Armadas (UNEFA), núcleo Mérida, junto a un equipo interdisciplinario conformado por una trabajadora social, un psicólogo y dos médicos internistas estuvimos dedicados a responder a los requerimientos estudiantiles tales como becas, asistencia médica, servicios comunitarios, actividades culturales y deportivas, entre otras, apoyando la iniciativa para la creación de la Unidad para la Integración a la Diversidad (UNIDIVE), que inicialmente buscaría propulsar la inclusión de estudiantes a las diversas carreras de esta casa de estudios. Esta instancia tendría como principales funciones: atender solicitudes de personas con potencialidades múltiples en las comunidades aledañas poniendo a la orden herramientas como muletas, sillas de ruedas, tableros del sistema Braille, servicio para implantes cocleares, entre otras.

Cabe destacar, que en esta casa de estudios se desarrolla la Licenciatura en Turismo, y allí tuve la ocasión de compartir inquietudes y propuestas para mejorar los procesos de inclusión no sólo de la población estudiantil en la carrera, sino también sobre las amplias potencialidades que plantea el sector turístico para propiciar espacios de valoración de las potencialidades, así como de la sensibilidad que posee este sector por naturaleza pues dentro de sus pilares estructurales se encuentra la interacción humana y la valoración de los intereses particulares.

"Los únicos límites que existen

son los que nosotros mismos nos imponemos"

Nick Vujicic

El Turismo: una perspectiva para la inclusión

Desde el año 2013, participo en el Colegio Universitario Hotel Escuela de los Andes Venezolanos (CUHELAV) en el ámbito docente y de investigación como integrante del Centro Nacional de Investigaciones Turísticas (CENINTUR). En la institución en principio, me he dedicado a integrar el equipo de la Coordinación de Asistencia y Bienestar Estudiantil, en el que se inicie junto a estudiantes, y profesores(as) e investigadores(as), acciones en materia de inclusión de personas con potencialidades múltiples en diversos ámbitos como la implementación de talleres de sensibilización dirigidos a espacios de la actividad turística, charlas, congresos, entre otras actividades de sensibilización dirigidos a quienes participan en la actividad turística.

Ese mismo año, al integrarme al equipo de trabajo, comienza a cursar estudios un joven sordo en la carrera de Técnico Superior en Hotelería y Servicios de la

Hospitalidad. La llegada del estudiante implicó una serie de adecuaciones en cuanto a los procesos de atención estudiantil.

Durante su escolaridad contó con una beca asignada para apoyarlo en sus requerimientos, así como de una beca estudio dirigida a un(a) compañero(a) que fungiera como asistente para la toma de notas en las sesiones de clases, y que manejara la Lengua de Señas Venezolana (LSV) para posteriores jornadas de estudio.

Adicionalmente, se desarrollaron jornadas de preparación con los docentes que le correspondían durante cada semestre para el conocimiento de las características esenciales de la cultura sorda, y el manejo de la LSV, tarea que recayó en un profesor sordo contratado por la institución para apoyar los procesos de transformación necesarios, referidos a conocer las características de las personas sordas, sus potencialidades, el contexto lingüístico en el que se desarrollan, así como las propuestas acerca de cómo ajustar las metodologías de enseñanza-aprendizaje haciéndolas más descriptivas un poco menos técnicas y abriéndose espacios para la discusión de los temas tratados en cada materia.

A raíz de ello, se generaron espontáneamente diversas propuestas que asocian la actividad turística como área de desarrollo científico a los procesos de inclusión de personas con potencialidades múltiples a partir de propuestas estudiantiles y docentes, destacando hasta la actualidad un grupo de iniciativas como:

- **Guías teórico-prácticas para la inclusión de personas con potencialidades múltiples en las distintas áreas de empresas hoteleras**, con el ingreso del estudiante sordo a cursar estudios en su carrera aspirando al TSU se diseñaron e implementaron una serie de herramientas para modificar las dinámicas de enseñanza y aprendizaje que se habían venido desarrollando en únicamente pensadas para los oyentes, esto implicó por una parte la preparación de estudiantes y docentes de las áreas de alimentos y bebidas para preparar talleres en LSV que pudiesen ser aplicables en el contexto de la comunidad sorda, y por otro lado el acuñamiento de términos asociados a cada área que no existían en esta lengua para ser asumidos por la comunidad como aspectos de la actividad turística que eran desconocido para esta comunidad (sorda) hasta ese entonces.

- **Elaboración de videos promocionales en LSV con términos básicos asociados a las áreas de atención de cualquier empresa turística**, esto como respuesta a lo que veíamos observando en la dinámica del estudiante sordo, las dificultades en relación a la comprensión que junto al apoyo del profesor y del intérprete en esta lengua se comenzó a construir glosarios de términos sobre la actividad turística, que luego serían llevados a formatos digitales en videos cortos para expandir las posibilidades de sensibilización de las empresas prestadoras de servicios turísticos así como de los escenarios proclives para la integración e inclusión de participantes de la comunidad sorda en estos espacios.

- **Implementación de talleres en las áreas de alimentos y bebidas dirigidos a las personas Sordas, Ciegas y/o con Síndrome de Down**, particularmente esta dinámica comenzó a tomar fuerza a partir de los espacios manejados por el Servicio Comunitario que corresponde a ese rico espacio de los estudiantes en su interacción con el contexto del cual posteriormente pasarán a ser parte como profesionales en el área turística, generándose procesos de sensibilización para ellos desde un contexto mucho más vivencial así como para las comunidades atendidas (tanto sorda, como de estudiantes de la escuela María Rosario Nava, especializada en procesos de formación de personas con Síndrome de Down para desarrollar actividades en turísticas).

-

- **Elaboración de menús para restaurantes en Sistema Braille,** esto surgió a partir del interés de estudiantes que observaron circunstancias de exclusión ocurridas en distintas empresas de alimentos y bebidas para con la población de personas ciegas. Considerando como una herramienta conveniente para promover los procesos de integración e inclusión de personas con potencialidades múltiples a los espacios de la gastronomía.

- **Propuestas para inclusión laboral de personas con Síndrome de Down en áreas de servicios hoteleros,** surgidas a partir de intereses de la comunidad estudiantil tanto del CUHELAV como de la comunidad de personas con esta condición a desarrollar instrumentos que pudiesen servir para promocionar los procesos de integración e inclusión de toda la población apoyándose en la Ley para Personas con Discapacidad, así como la Ley del Trabajo, entre otros lineamientos que permitieran presentar argumentos desde los distintos ámbitos para la promoción de estos procesos, conjugados con la valoración de las potencialidades múltiples de cada individuo.

- **Diseño e implementación de señaléticas en LSV y Braille para lugares turísticos,** que surgen al igual que las herramientas y prácticas anteriores, para el mejoramiento de los servicios que se prestan en las empresas prestadoras de servicios turísticos, así como para apoyar los procesos de sensibilización en estos ámbitos, entre otras.

A partir de mi participación en cada iniciativa asociada a la construcción de procesos de integración e inclusión de personas con potencialidades múltiples, se ha venido comprobando que los espacios de la actividad turística son idóneos para tales fines tanto desde la perspectiva de abrir espacios para continuar con procesos de formación, sensibilización, capacitación y formación. En este sentido, se ha integrado una materia acreditable, que cuenta con tres (03) unidades de crédito en el programa de estudio, denominada Turismo Accesible en la oferta de la carrera de Turismo, integrada al Programa Nacional de Formación, así como en la implementación de talleres y cursos dirigidos a instituciones, empresas y comunidades interesadas en promover la inclusión y el disfrute pleno de un sistema turístico que se tiene que ir transformando paulatinamente, buscando responder a todas las expectativas y necesidades de la población.

CAPITULO II

El Turismo Accesible como herramienta para acabar con paradigmas preestablecidos

Comienzo precisando que toda propuesta que pueda manejarse para desarrollar verdaderos procesos de integración e inclusión de Personas con Potencialidades Múltiples al ámbito turístico, debe surgir desde la comprensión de la realidad de cada especificidad, tomándola como aportes trascendentales en una lucha resiliente, para la construcción de un sistema turístico más humanizado y menos mercantilista.

Esto a su vez implica, que debemos comenzar a deshacernos de la percepción caustica referida a esta población como "discapacitada", puesto que la verdadera discapacidad es la que tenemos quienes conformamos cada contexto y no las personas con sus condiciones, puesto que cada quien cuenta intrínsecamente con una serie de aptitudes y actitudes, capacidades, que en definitiva deben ser consideradas como **potencialidades** para mejorar los procesos de igualdad en cada espacio de la sociedad, y varían de acuerdo a las particularidades que nos definen, por ello tienen características **múltiples**, asociando su pertinencia e importancia para responder a las necesidades que puedan presentarse en cada contexto.

Desde esta perspectiva surgen diversas incógnitas acerca de ¿Cómo cree usted que se pueden incluir las personas con potencialidades múltiples en las actividades turísticas de manera más natural?, ¿Cómo pudiésemos optimizar los procesos de adecuación de las infraestructuras y mejorar los procesos de atención adecuada, de acuerdo a las necesidades de esta población?, ¿De qué manera cree que los procesos de sensibilización sean realmente efectivos para quienes forman parte del sistema y que aún no comprenden la importancia de transformar el sistema hacia uno más incluyente?, Creo que todas estas dudas tienen respuesta desde el ámbito educativo, ya que a partir de los estudios, disertaciones, propuestas y demás espacios que se manejan en el hecho educativo, pueden surgir los cambios necesarios para tales fines.

En este sentido, según Sarabia y Egea (2001), a partir de la mirada del otro desde la valoración de las potencialidades de cada individuo, se puede lograr eliminar definitivamente la óptica asistencialista o de minusvalía que aún en la actualidad existe en relación con personas con potencialidades múltiples. Esto lo he venido comprobando desde las participaciones como investigador en iniciativas estudiantiles y docentes en distintos contextos académicos a destacar:

- Las pasantías estudiantiles en empresas turísticas a nivel nacional, desdelas que se ha obtenido una idea bastante cercana a las condiciones que poseen las actividades turísticas en relación con la integración o inclusión de personas con potencialidades múltiples.

- La elaboración de proyectos socio-integradores en comunidades conpotencialidad turística, destacando este como un espacio de reciente desarrollo a partir de la puesta en marcha del Programa Nacional de Formación en Turismo en el cual se puede abordar de manera directa las potencialidades turísticas dentro de las que se abordan los aspectos de integración e inclusión social de personas con potencialidades múltiples.

- El diseño e implementación de proyectos de servicio comunitario asociadosal tema de la inclusión de las personas con potencialidades múltiples desde las actividades que se desarrollan en estas comunidades, entre otras.

Todas estas experiencias han formado parte fundamental en la construcción de un nuevo enfoque para el desarrollo y el mejoramiento de un Turismo Accesible como escenario para la integración e inclusión de esta población en el ámbito social más adecuado.

"Aquel que no viaja no conoce el valor de los hombres"

Proverbio Moro

Algo de historia sobre Turismo Accesible

Es pertinente remontarnos al nacimiento de la categoría "Turismo Accesible" como modelo, que nace el año de 1980 en Filipinas cuando, a través de la *Declaración de Manila*, realizada por la Organización Mundial del Turismo (OMT) se relaciona por primera vez el término turismo al de la accesibilidad. Esta declaración reconoció al turismo como un derecho fundamental, así como un vehículo clave para el desarrollo humano, e introdujo la recomendación a los estados miembros de dicha organización para aquel entonces sobre la necesidad de la reglamentación de los servicios turísticos apuntando los detalles más importantes sobre accesibilidad turística, que debían ser pensados para potenciar los espacios de integración e inclusión social.

Estas recomendaciones, quedaron especificadas posteriormente en el acuerdo aprobado en la Asamblea General de Buenos Aires por la

Organización Mundial del Turismo titulado: *"Para un Turismo Accesible a los minusválidos en los años 90"*. Nótese que para ese entonces aún se manejaba el término "minusválidos", reflejando la perspectiva que continúa haciendo posible la exclusión de esta población. (Personas con discapacidad: su abordaje desde miradas convergentes / Silvia Necchi ... [et.al.] ; compilado por Silvia Necchi ; Marta Suter ; Andrea Gaviglio. - 1a ed. -Bernal: Universidad Nacional de Quilmes, 2014)

El concepto Turismo Accesible adquiere mayor relevancia a finales de los noventa cuando un grupo de expertos británicos en turismo y discapacidad publican el informe *"Tourism for all"*. En este informe se presentan los progresos alcanzado en materia de integración de personas con discapacidad en el sistema turístico, teniendo como objetivo fomentar en el seno de la industria turística el diseño de servicios destinados a toda la población independientemente de sus condiciones. Así mismo, en este documento se define al turismo para todos como aquella actividad que planifica, diseña y desarrolla actividades turísticas de ocio y tiempo libre de manera que puedan ser disfrutadas por toda persona independientemente de sus condiciones físicas, sociales o culturales, a pesar de que continúa presente la perspectiva excluyente en tanto que al no contar con la capacidad económica para acceder a los espacios de esta actividad no se logra finalmente hacer inclusiva en su totalidad la actividad turística.

Así, la perspectiva crítica en la evolución del Turismo Accesible como espacio para propiciar la integración e inclusión de personas con potencialidades múltiples, mantiene una tendencia asistencialista, limitando el libre albedrío de usuarias(os) del sistema para su disfrute de manera armónica. En este sentido, es pertinente resaltar que, según las vivencias recogidas, en la medida en que los ajustes que se implementen tanto a nivel de las infraestructuras como en los procesos organizacionales y de atención al turista con potencialidades múltiples estén planificados desde las necesidades particulares se podrá concretar un sistema turístico más adecuado y tendente hacia la inclusión.

Estas necesidades se manifiestan en aspectos fundamentales como el libre tránsito y disfrute individual o grupal entre pares de los espacios y experiencias, posibilidades de interacción abierta, gracias a la presencia de personal que maneje los medios de comunicación adecuados posibles: Lengua de Señas Venezolana (LSV), manejo del Sistema Braille, adicionalmente la existencia pertinente de personal con potencialidades múltiples preparado para brindar la mejor atención, elevando la calidad de los procesos de atención de la población en general y demostrando que la inclusión social de esta población es perfectamente factible.

En relación con el modelo de Turismo Accesible que plantea la OMT desde un enfoque cuantitativo, establece la necesidad que, dentro del sistema turístico se pueda manejar la evaluación estadística de la demanda de las personas con potencialidades múltiples, y las posibilidades que el aparato turístico tenga para brindar atención adecuada a sus usuarios(as).

El manejo de esta información estadística resulta fundamental, pues esta población ha estado desatendida en la mayoría de las empresas turísticas, por los problemas ya descritos, y resulta imperativo manejar indicadores lo más preciso posibles sobre los bienes y servicios asociados a la actividad turística que a su vez funcionen en coherencia con el proceso de inclusión, esto es por ejemplo: que el traslado de esta población cuente con las herramientas adecuadas, sobre las condiciones en los destinos a los que se movilizan, para posteriormente revisar en términos comparativos los destinos menos visitados para gestionar las modificaciones pertinentes que promuevan estos destinos menos visitados. En el caso de nuestro país, el manejo de esta información es aún insuficiente, pues ni si quiera se conoce con exactitud la totalidad de espacios adecuados para recibir a personas con potencialidades múltiples, esto sujeto a la existencia de una perspectiva limitante y menospreciada de esta población.

Desde el punto de vista cualitativo, esta población presenta multiplicidad de potencialidades que, al valorarse desde la actividad turística, se puede plantear responder a sus intereses a partir de esta valiosa información, y planificar la introducción de cambios necesarios en el sistema, con ello, propiciar los procesos de inclusión a nivel académico, laboral, de atención y manejo de servicios turísticos ajustándolos al marco normativo existente, que a su vez debiera modificarse a partir de una perspectiva valorativa de las potencialidades humanas y no de las limitaciones del medio a aceptarlas. El manejo de estas informaciones, permitirá desarrollar distintas matrices de análisis, necesidades reales de la población con potencialidades múltiples, en relación a la motivación y al grado de satisfacción del turista a partir de los servicios utilizados durante su visita.

He encontrado algunos referentes sobre lo antes mencionado, pero vale destacar una iniciativa interesante del Hotel Asti Albergo Ético que se encuentra en el corazón de la provincia de Asti, en la región del Pie de monte italiano, el cual está clasificado con tres estrellas, aspirando ingresar próximamente dentro de la clasificación a un hotel cinco estrellas, el cual fue inaugurado a mediados del 2015 y es enteramente administrado, atendido y mantenido, por personas con Síndrome de Down (tomado de: www.albergoetico.asti.it), aunque en el caso de las propuestas que se han venido construyendo desde España en los últimos años demuestran la intensificación en los esfuerzos para la transformación de los espacios de la actividad turística, siguen siendo a mi modo de ver, aislados y con detalles en cuanto a la amplitud de la verdadera accesibilidad en el sistema, pues se sigue concibiendo el espacio turístico, como un espacio de ganancias monetarias, lejos del espíritu sensible, incluyente y humanista.

En relación a lo anterior, se rescata un planteamiento que aún en la actualidad tiene vigencia y que veo coincide con lo que Grünewald y Fernández (2013) plantean en su trabajo sobre Turismo Accesible, con respecto a la necesidad de tres tipos de inclusión en los escenarios de la actividad turística, en primera instancia la **Inclusión física** para que las personas puedan acercarse entre sí y transitar cualquier espacio geográfico, urbano o natural sin limitaciones de ningún tipo, en segunda instancia la **Inclusión funcional** para coordinar los distintos servicios e impedir la discriminación hacia las personas con capacidad restringidas, por último una tercera etapa referida a la **Inclusión social** para el uso de los diferentes servicios y atractivos de manera cooperativa a partir de intereses mutuos, que seguramente estarán vinculados al hecho incluyente que ha permitido el desenvolvimiento de quienes hayan sido valorados desde sus potencialidades múltiples y experiencias que puedan estar laborando en el sistema turístico, como ejemplos de un verdadero turismo accesible con características humanizadas y no mercantilistas.

Igualmente, es necesario contar con un personal turístico de actitud abierta y positiva. En mi experiencia, esto no es una tarea difícil, pues sólo es necesario aplicar unas reglas sencillas para que el trato con clientes con discapacidad sea mucho más fácil y fluido. Las personas con movilidad y comunicación reducidas en general no desean ni exigen ventajas o privilegios de ningún tipo. Por el contrario, sólo esperan un espacio sin barreras en el que puedan desenvolverse.

En definitiva, mejorar la calidad de los servicios turísticos implica satisfacer las necesidades de los usuarios(as) que en el caso de las personas con movilidad y comunicación reducidas impone la accesibilidad plena al medio, así como la información amplia y pertinente antes, durante y después del servicio y el personal competente, que haya sido evaluado, seleccionado adecuadamente, formado y motivado entre quienes deben igualmente participar personas con potencialidades múltiples.

Lo anterior implica, que el problema de fondo, es decir, la exclusión de esta población, no se trata sólo de una lucha por principios de igualdad de oportunidades, sino que adicionalmente cada espacio de la actividad turística deba pensar y ejecutar acciones organizacionales conjuntas en las cuales a partir de las necesidades que las mismas personas con potencialidades múltiples determine, se puedan ir brindando pertinentemente respuestas a las mismas y esto se puede concretar a partir de los espacios de formación de quienes participan en la actividad turística.

Al respecto, es menester destacar algunos de los principales aportes que se han venido desarrollando en esta materia específicamente para la inclusión de las personas con potencialidades múltiples en la actividad turística venezolana, a partir de iniciativas aplicadas en el sistema y pensadas para su implementación en la totalidad de las empresas que presten servicios atención turística, desde el ahora Núcleo de la Universidad Nacional del Turismo, Hotel Escuela de los Andes Venezolanos, así como de su Centro Nacional de Investigaciones Turísticas (CENINTUR).

En ambas instancias, se han venido desarrollando esfuerzos, construidos a partir de investigaciones enmarcadas en la interacción dentro de los procesos de capacitación y sensibilización tanto de la comunidad de personas con potencialidades múltiples como de estudiantes, docentes y representantes del sectores públicos y privados, que se estarán analizando más en profundidad en los próximos apartados.

Ahora bien, considero pertinente destacar que tanto en los ocho (08) hoteles pertenecientes a la Red de Hoteles de la cadena VENETUR, reunidos en el Hotel VENETUR MAR CARIBE (estado Sucre), Hotel VENETUR CUMANÁ (estado Sucre), Hotel VENETUR PUERTO LA CRUZ (estado Anzoátegui), Hotel VENETUR MAREMARES (estado Anzoátegui), Hotel VENETUR MATURÍN (estado Monagas), Hotel VENETUR

Residencias Anauco Suites (Distrito Capital), Hotel VENETUR CARACAS (Distrito Capital), Hotel VENETUR VALENCIA (estado Carabobo), Hotel VENETUR MORROCOY (estado Falcón), Hotel VENETUR MARCAIBO (estado Zulia), Hotel VENETUR MÉRIDA (estado Mérida), que siendo un conglomerado de empresas prestadoras de servicios turísticos perteneciente a las empresas del estado venezolano, debieran intensificarse los ajustes necesarios para construir procesos de integración e inclusión de personas con potencialidades múltiples de manera más armónica y a su vez contundente.

Todo esto debido a que, a inicios del año 2016 tuve la oportunidad de recibir en el Hotel Escuela a representantes de los departamentos de cada uno de los hoteles de esta red, a quienes en un taller de sensibilización turística les consultamos acerca de si contaban o no dentro de los equipos de trabajo, con personal que tuviese potencialidades múltiples a lo que únicamente dos (02) de los representantes afirmaron conocer a un(a) trabajador(a) con condiciones, reflejando que el ochenta por ciento (80%) de estas empresas no contaba con ninguna persona con estas condiciones, presentando a su vez el incumplimiento por parte de la totalidad de estas empresas sobre el artículo veintiocho (28) de la Ley para Personas con Discapacidad en donde se establece que todas las empresas deben contar con al menos un cinco por ciento (5%) de su personal perteneciente a la población de personas con discapacidad (mejor referidas como personas potencialidades múltiples).

Hecho que abrió una discusión en la que se plantearon los puntos de vista de los(as) representantes de la red de hoteles VENETUR, que habiendo participado en el taller de sensibilización acerca de la accesibilidad turística, se reflejaron las necesidades no sólo de incluir en el ámbito laboral a personas con potencialidades múltiples, sino también comenzar a implementar adecuaciones en cada espacio de estas empresas para propiciar procesos de integración e inclusión de la población a cada ámbito y proceso de dichas empresas, para continuar en consonancia tanto con el ámbito normativo, como con los procesos de integración e inclusión social promovidos por el Estado Venezolano.

Una nueva visión del disfrute a partir de la condición del otro

Para poder afirmar que el Turismo Accesible es un espacio que cuenta potencialmente como una forma de inclusión a la población de personas con potencialidades múltiples a su entorno directo de manera amónica y productiva, es necesario enfatizar que esto será posible a partir de la perspectiva de quienes integran esta población, destacando como se ha mencionado anteriormente la valoración de los aportes que estas personas pueden proponer para el mejoramiento de los espacios de la actividad turística que en conjunto con quienes forman parte de dicho sistema puedan enfatizar las mejoras tanto a nivel de infraestructuras como de servicios de atención más acordes, y todo esto se puede lograr aportando herramientas teórico-prácticas desde los espacios de formación de quienes integran e integrarán más adelante parte de esta importante actividad.

Esto se sustenta adicionalmente en los ajustes y el cumplimiento de un marco normativo que responda a las necesidades existentes en la población de personas con potencialidades múltiples, que les reconozca y abran de forma enfática todos los espacios del sistema turístico, exigiendo las transformaciones necesarias que haya que hacer a dicho sistema para su funcionamiento óptimo y lograr definitivamente la inclusión de esta población.

Por ello, la reformulación e inclusión de nuevos artículos a la Ley para Personas con Discapacidad (2007) así como la revisión de las normativas estatales y municipales en esta materia, deben estar en constante actualización, de acuerdo con las políticas de Estado cónsonas para tales objetivos, así como se refirió anteriormente en el caso de la Red de Hoteles VENETUR, entre otros espacios de la actividad turística.

En este sentido, el mejoramiento de las normas relacionadas con los procesos de inclusión de personas con potencialidades múltiples, plantea que deben existir una serie de estrategias de seguimiento en cuanto a la aplicabilidad de estas normas, para que en conjunto con la contraloría social de quienes integran esta población se puedan incumpliendo cabalmente los objetivos para la inclusión de la misma, en todos los ámbitos de la sociedad, incluyendo el turístico.

Al respecto, debo destacar que una ocasión reunido en la sede de la Biblioteca Luis Zambrano ubicada en las instalaciones del CUHELAV, estando con un grupo de veinte (20) integrantes de la comunidad sorda de la ciudad de Mérida, tuve oportunidad de preguntarles si preferían ser atendidos en un establecimiento turístico (restaurante, hotel, parque, etc) por un intérprete en Lengua de Señas Venezolana (LSV) o por una persona sorda. Para mi sorpresa todos(as) respondieron que preferían al intérprete en LSV ya que podía ser una persona que había estado más expuesta a las informaciones de los lugares y servicios turísticos del entorno, posteriormente les consulté que cuál sería su preferencia entre el intérprete en LSV y una persona sorda formada en turismo que conociera el lugar visitado, a lo que todos(as) respondieron que preferían a la persona sorda para que les atendiera pues se entenderían mucho mejor.

Esto mostró que, en primera instancia, la función de un intérprete en LSV es necesaria para derribar las barreras comunicacionales en cualquier contexto turístico, pero aún más que cualquier integrante de la comunidad sorda tiene que tener apertura en cuanto a las opciones para su formación en el área turística. Esto implica que las instancias de formación a que corresponda deban igualmente ajustarse y transformarse a favor de este proceso de inclusión.

Por ello, el proceso de inclusión va más a allá de aspectos prácticos como la adecuación de infraestructuras o el manejo de la LSV, e implica aspectos procedimentales referidos al ingreso personas con potencialidades múltiples a los diferentes contextos operativos.

Es entonces, cuando resalta la complejidad del objetivo que plantea dicho proceso, pues el objetivo impone lograr que la mayoría de la sociedad, o al menos quienes participan en los espacios de la actividad turística, puedan manejarse desde la empatía para que puedan ser partícipes y promotores de los procesos de inclusión. Se pone en evidencia el desconocimiento acerca de las condiciones de las mal llamadas "discapacidades" a partir de una tendencia marcada de asumir que las dificultades son naturales y no barreras impuestas por la ignorancia consciente o inconsciente del contexto.

Nuevamente, la tarea recae en los procesos de formación, por lo cual el hecho educativo descolla en la paleta de las acuarelas disponibles para lograr una sociedad inclusiva e incluyente, transformando a partir de intercambios en donde los significados se compartan para poder a su vez compartir las intenciones, que en nuestro caso serían las de construir una sociedad equitativa.

En este sentido, cabe destacar que según Anzola (2014) el crecimiento de las interacciones sociales de las personas desde la Teoría de la Mente, se basa en intercambios de una manifestación de intersubjetividad plena. Se podría, por tanto, a partir de ellas crear nuevas formas de relación en temas que históricamente han signado la conflictividad en los sistemas de relación entre pueblos, culturas e individuos como: el racismo, el fascismo, el machismo, la xenofobia, la homofobia y muy particularmente los temas de desarrollo intergeneracional que tienen particular impacto en la educación, como la exclusión de personas con potencialidades múltiples.

"Si descubrimos una teoría completa, con el tiempo habrá de ser, en sus líneas maestras, comprensible para todos y no únicamente para unos pocos científicos."

Stephen Hawking

Desde los aportes teóricos a la praxis turística

Considero que una de las herramientas que resulta útil para la construcción de una nueva perspectiva que puede desarrollarse desde un turismo realmente más accesible, entendido como espacio para la inclusión de personas con potencialidades múltiples, es la teoría de Howard Gardner (1988), que sustenta al nuevo enfoque aplicable desde los espacios y actividades del turismo, a partir de la valoración de la inteligencia que está construyendo o que puede llegar a lograr desarrollaría entonces la capacidad para resolver problemas cotidianos para generar nuevas mejoras a partir de las necesidades o para crear innovadores servicios dentro del propio ámbito de la actividad, siendo el espacio de la actividad turística un escenario potencial para el desarrollo de esta nueva perspectiva como espacio para la inclusión de esta población, y la construcción de una sociedad más equitativa.

Ampliando un poco el contexto acerca de esta teoría y asociándola a este nuevo enfoque de las potencialidades múltiples particulares y grupales, se destacan los ocho (8) tipos de inteligencias:

1) Lógico - matemática: Entendida como aquella capacidad y sensibilidad para el razonamiento abstracto, computación numérica, derivación de evidencias, resolución de problemas lógicos y numéricos, destacando la capacidad para manejar cadenas extensas de razonamiento, siendo este tipo de inteligencia útil para múltiples ámbitos

31

de la actividad turística, como los administrativos y gerenciales en empresas, entre otros.

Uno de los principales representantes de esta inteligencia puede ser el matemático estadounidense John Forbes Nash, quien independientemente de su condición mental, desarrolló la Teoría de Juegos, Geometría Diferencial y Ecuaciones Parciales Diferenciales (2009), siendo uno de los científicos más representativos de los últimos tiempos.

De este tipo de inteligencia, puedo mencionar que en la época de la adolescencia tuve oportunidad de conocer a un muchacho que tenía Síndrome de Down hijo de una gran amiga de mi madre, a quien le encantaba elaborar pinturas y que asocio a este tipo de inteligencia pues hay que tener ideas de medidas y proporciones, así como niveles de abstracción matemática que permitan traducir en dimensiones lo imaginable en un lienzo. Quien elaboraba obras espectaculares, tanto que una reconocida fundación venezolana publicó sus trabajos por su potencial artístico.

2) Lingüística: Definida como la sensibilidad y capacidad para la lecto-escritura y la comunicación verbal, a través del manejo de palabras con sus matices de significado, siendo esta inteligencia especial para los espacios de mercadeo y ventas en la actividad turística, que adicionalmente pudieran ser un espacios adecuados para que aquellas personas con potencialidades en este tipo de inteligencia puedan a partir de sus condiciones y conocimientos de la misma, abarcar espacios inexplorados para este ámbito en relación a publicidades atractivas para la población en general y atendiendo particularmente a la población de personas con potencialidades múltiples, adicionalmente en la elaboración de documentos escritos que puedan destacar la cultura y los atractivos locales en cada comunidad.

Ejemplo de este tipo de inteligencia se expone a partir de los aportes generados por Hellen Keller que siendo sorda y ciega logra ganar un título como Bachelor of Arts, rompiendo el aislamiento a partir de sus esfuerzos por manejar el lenguaje y la comunicación. Al respecto de este tipo de inteligencia, y recordando a aquel amigo con quien tuve oportunidad de compartir en mi época de infancia en la escuela, que tenía una increíble capacidad para manejarse con fluidez en los idiomas (inglés y francés) como hasta recientes épocas pude observar en los profesores(as) del Hotel Escuela.

3) Musical: Es la capacidad para apreciar y producir ritmos musicales junto con sus sonidos, tonos y melodías, quien dentro de sus potencialidades pueda contar con esta inteligencia no sólo pudiera apoya de forma directa la dinámica de la actividad turística fusionando la música de determinadas regiones, como parte importante de los atractivos turísticos. Ejemplos de esta inteligencia son Ludwig van Beethoven considerado como uno de los más importantes y músicos de la historia reciente, siendo sordo, o el compositor Robert Schumann quien en la época del Romanticismo se consolidó como uno de los músicos más relevantes de la primera mitad del siglo XIX, contando con una condición mental particular.

En este tipo de inteligencia tengo ineludiblemente que mencionar a Pablo (nombre que estoy utilizando para esta narración en el resguardo de su identidad) a quien recientemente encontré una tarde y me cantó TODAS las canciones que interpretábamos en "Los Bordones" (aquella coral en la que habíamos participado en nuestra infancia-adolescencia), con el mismo tono, pero con mayor calidad en cuanto a las interpretaciones que hacíamos para aquella época.

4) Espacial: Entendida como la capacidad para percibir el mundo espacial visual y realizar modificaciones de sus propias percepciones iniciales. Comprende el pensamiento en tres dimensiones, pudiendo desarrollar múltiples aportes al incluir personas con condiciones que puedan presentar contar con este tipo de inteligencia para apoyar los procesos de transformaciones espaciales en cuanto a infraestructuras y accesibilidad se refiere, potenciando a su vez la optimización de los destinos turísticos transformándolos en verdaderos atractivos a parir de condiciones accesibles. Dentro de los personajes con este tipo de inteligencia se puede destacar al físico teórico británico Stephen Hawking quien cuenta con una condición (Variación de Esclerosis Lateral Amiotrófica) que independientemente de ella, ha logrado desarrollar aportes teóricos que han dado lugar a nuevos paradigmas en el ámbito científico y espacial.

Al respecto, rescato una anécdota referida a una de las estudiantes a la que tuve oportunidad de ayudar en la carrera de educación quien con una condición de ceguera en ambos ojos logró describir con mayor exactitud espacios geográficos que sus mismos(as) compañeros(as) de clases videntes, a partir de sus conocimientos previos y la capacidad extrasensorial que había podido desarrollar en sus desplazamientos por esas zonas (temperaturas, vientos, características táctiles de los elementos allí ubicados, entre otras).

5) Cinética-corporal: Es la capacidad de manejar y controlar el cuerpo con destreza, comprende la comunicación con el cuerpo, el dominio de actividades gimnásticas y la creación de objetos manuales, quien posea este tipo de inteligencia puede contribuir al desarrollo tecnológico de herramientas que permitan el mayor y mejor desenvolvimiento armónico potenciando a su vez el carácter de independencia y mayor disfrute en los espacios turísticos por parte de usuarios(as) que presenten condiciones. Ejemplo de ello, es la deportista de alta competencia Marla Runyan, quien teniendo como condición la enfermedad de Stargard, que produce la degeneración macular de los ojos hasta perder la vista, que no impidieron que fuese campeona en los Juegos Paralímpicos de Verano ganando cuatro medallas de oro como corredora de distintas distancias, obteniendo medalla de plata en los Juegos Paralímpicos de 1996 en lanzamiento de peso, y logrando la medalla de oro en pentatlón en Sydney, Australia, sin contar con que para el 2001 co-escribió y publicó su autobiografía: "Sin Línea de Meta".

Siempre me llamó muchísimo la atención la capacidad que desarrollaban la mayoría de los(as) sordos(as) para bailar y actuar, y después de conversar con ellos(as) hacían referencia a que era muy fácil bailar pues se dejaban llevar por las vibraciones de los bajos y por ello se pedían menos al momento de moverse individual y grupalmente.

6) Interpersonal: Definida como la capacidad para discernir y responder con pertinencia a los modos, temperamentos y motivaciones de otros, este tipo de inteligencia corresponde a quienes poseen el potencial de interactuar con quienes integran el contexto respondiendo a las necesidades que puedan tener, lo cual sería un excelente apoyo para el desarrollo de cualquier instancia turística mejorando directamente la calidad en la atención a cualquier usuario(a), siendo este un aspecto fundamental y sumamente susceptible a las necesidades de los(as) mismos(as). Cabe destacar alguien como Nick Vujicic quien, contando con una agenesia consistente en una tri-amelia, es orador motivacional y director de la organización Life Whith Limbs, organización encargada de apoyar a la población de personas con potencialidades múltiples.

Por ejemplo, la resaltante lealtad, el apoyo irrestricto y muchas otras valiosas características que han demostrado tener las comunidades de personas con potencialidades múltiples entre sí, por ejemplo la de las personas sordas con el resto de integrantes de su comunidad, es una capacidad que sobresale del común, pues se sustenta en el reconocimiento de ellos como parte de una minoría que debe apoyarse a pesar de las dificultades y procesos de exclusión a la que han estado expuestas toda su vida. Múltiples anécdotas pudiesen ser mencionadas al respecto, pero una de las más significativas fue la del grupo de personas sordas que al ser entrevistadas en una ocasión les consulté si querrían ser atendidas en un establecimiento turístico por un(a) intérprete o por una persona sorda formada en turismo, a lo que respondieron al unísono que preferían a la personas sordas.

7) Intrapersonal: Capacidad para la introspección y conocimiento de sí mismo. Acceso a los sentimientos propios y capacidad para tenerlos en cuenta, esta es una inteligencia que puede mejorar los procesos de atención de personas con potencialidades múltiples a partir de sus expectativas contribuyendo a mejorar el sistema turístico y de inclusión social, por ello quienes puedan contar con ese tipo de inteligencia pueden aportar de manera significativa a las mejoras de un turismo más accesible. Al respecto de esta inteligencia se destaca una representante excepcional, como lo fue Frida Kahlo quien contando con poliomielitis y una situación complicada a nivel de una de sus piernas, así como de su columna vertebral (espina bífida), logra ser la primera artista plástica femenina latinoamericana (pintora) en colocar sus obras llenas de colores vividos (en su mayoría auto-retratos) en reconocidos teatros y museos internacionales.

En relación a esto, recuerdo una frase de una de las participantes de la comunidad ciega que participó en un taller de cocina en uno de los servicios comunitarios de un grupo de estudiantes del hotel escuela que reflejaba a flor de piel contar con esta inteligencia, refiriendo al culminar el taller: *"He hecho de todo en esta vida, he cocido ropa, he cocinado y he vivido, una de las pocas cosas que me faltaba era aprender panadería, para continuar saliendo de la oscuridad".* (Señora Carmen, participante del Curso de Panadería, Servicio Comunitario período 2014-2015).

8) Naturista: Esta es una de las capacidades o sensibilidades más común en el caso de las inteligencias múltiples que refiere la posibilidad de diferenciar, explorar y definir los seres vivos y no vivos. El establecimiento de relaciones ecológicas sanas y de protección del entorno, esta inteligencia va en concordancia no solamente con el criterio de sostenibilidad y sustentabilidad del turismo como espacio para el desarrollo social, sino también coincide con la perspectiva del contexto como sistema simbiótico que en la medida en que se transforme a un espacio más incluyente y menos restrictivo el cuanto al desarrollo humano sensible y racional, pudiendo ser este tipo de inteligencia una de las más importantes para el proceso de la inclusión social y más aún de la población de personas con potencialidades múltiples puesto que has estado siempre relegado en un sistema al que pertenecen.

Ejemplo de este tipo de inteligencia fue Vincent Van Gogh quien independientemente de su condición mental, logró en sus pinturas copiar la naturaleza de las cosas, pero -como él decía: *"no lograba ponerse de acuerdo con ella"*. Así pues, optó por crear una naturaleza propia utilizando sus colores y su imaginación. En relación a esto, rescato la experiencia cuando participé en aquel campamento con los participantes de la comunidad sorda, pude observar con suma impresión que no sólo se manejaban con prácticas conservacionistas al momento de recolectar los desperdicios y tratar de respetar el equilibrio del lugar que visitábamos, sino que a demás lo hacían con muchísimo mayor naturalidad que incluso mis compañeros(as) estudiantes en la carrera de geografía durante las prácticas de campo que hicimos en nuestra carrera.

9) Resiliente: En lo particular a esta clasificación sugiero se debe sumar otro tipo de inteligencia referida a la capacidad de sobreponerse a las dificultades que el contexto les ha impuesto históricamente a quienes integran la población de personas con potencialidades múltiples. En este orden de ideas la resiliencia se ha definido por vario estudiosos como aquella capacidad en la que la persona engloba factores ambientales y personales con los cuales afronta y supera las adversidades que acontecen en su vida (Grotberg,1995; Kotliarenco, 2000; Luthar, Ciccheti y Becker, 2000; Saavedra y Villalta, 2008). No se menciona ningún ejemplo al respecto de este tipo de inteligencia pues la totalidad de quienes integran la población de personas con potencialidades múltiples cuentan con esta inteligencia.

Recordemos que Grotberg (1995), basándose en la idea de inteligencia, diferenció tres características de este concepto: 1) aquellas que tienen que ver con el apoyo que la persona cree que puede recibir (yo tengo...), 2) aquellas que tienen que ver con las fortalezas intrapsíquicas y condiciones internas de la persona (yo soy..., yo estoy) y 3) aquellas que tienen que ver con las habilidades de la persona para relacionarse y resolver problemas (yo puedo...).

Al respecto Crotti (2008), representante de United Nations Children's Fund (UNICEF), organización perteneciente a la Organización de las Nacional Unidas (ONU), plantea que gradualmente a nivel mundial el modelo social de discapacidad ha enfatizando durante los últimos años en las formas en que las políticas y legislación existentes ameritan ser modificadas fundamentalmente para asegurar la eliminación de barreras físicas e institucionales que permitieran la plena e igualitaria participación de personas con discapacidad en la vida comunitaria.

En relación a lo expuesto he podido observar que el movimiento ha sido gradual hacia un contexto más integrado durante la última década, pues se han incrementado las acciones con la intención de incluir el tema de la discapacidad en los programas de estudio diferentes instituciones y organismos en el ánimo de lograr desarrollar un turismo más accesible y, en este sentido, la integración del Turismo Accesible como una materia acreditable en el caso de la oferta de estudio en el CUHELAV ha sido un gran paso para aportar al objetivo de construcción de una sociedad más incluyente a parir de la actividad turística.

Al respeto en nuestro país, luego de la puesta en marcha de la Ley para Personas con Discapacidad (2007), se crearon instituciones dedicadas al apoyo de esta población entre las que destaca el Consejo Nacional para las Personas con Discapacidad (CONAPDIS) como una de las principales instancias dedicadas a velar por los procesos de inclusión a nivel nacional. Esta instancia se ha dedicado en mayor medida a asignar implementos (sillas de ruedas, implantes cocleares, bastones, entre otras), así como la asignación de credenciales que destacan la condición de cada persona para ser amparada por la Ley y beneficiaria de la misma, pero dejando abriéndole mayor espacio al problema de fondo, siendo aún más intensa la exclusión a pesar de los esfuerzos pues los espacios de la sociedad venezolana continúan siendo mayoritariamente excluyente.

A partir de esta realidad, considero que los esfuerzos en materia de transformar los espacios de la actividad turística para hacerlo más incluyente deben ser más intensos en los procesos de formación o capacitación para que a partir de la sinergia sistémica social se puedan ir transformando los contextos de esta hacia una sociedad más equitativa e incluyente. En este sentido, el ente rector en materia turística, el Ministerio del Popular para el Turismo (MINTUR) debe continuar haciendo mayores esfuerzos en la construcción de un turismo más accesible y una sociedad más incluyente desarrollando políticas en este ámbito considerando la necesaria transformación en cuanto a la visión que se tiene de la actividad turística así como de quienes integran la población que aún en la actualidad denominada erróneamente "con discapacidad", siendo necesario entonces un nuevo enfoque acerca de la valoración de sus potencialidades, haciendo más armónico el proceso de transformación social y menos artificial o abstracto.

Ahora bien, mucho se ha dicho sobre la inclusión social de personas con discapacidad, aunque enfatizo que la denominación para mi continúa siendo degradante, por ello, reitero que es mejor entender la referencia desde las perspectivas de las potencialidades con las que estas personas cuentan, y que el turismo puede terminar siendo la actividad social que puede perfectamente dar cabida al proceso de la inclusión, pero es pertinente resaltar que dicho proceso no se puede lograr a partir de un recetario preestablecido, ni de una serie de talleres con los que se bombardee a quienes integran el contexto turístico o social, pues según

Ferreira (2008) en su trabajo titulado: **Una aproximación sociológica a la discapacidad desde el modelo social: apuntes caracterológicos** plantea lo siguiente:

> *"La discapacidad es una realidad social que «viven» personas humanas, sujetos-agentes instalados en la lógica convivencial de un entorno cuyos habitantes privilegiados no tienen discapacidad. Ello implica: 1) que su existencia cotidiana está dominada por una singularidad: sus prácticas e interacciones quedan sujetas y condicionadas a esa su discapacidad; 2) que dicha singularidad los homogeneiza, haciendo abstracción de toda la diversidad inscrita en las particulares condiciones de su existencia, induciendo una concepción de sí anclada en la oposición a los no discapacitados; se induce una identidad social «en negativo»; y 3) que dicha singularidad y dicha homogeneización identitaria, automáticamente, suponen una clasificación del colectivo en la ordenación jerárquica de la sociedad. Se hallan implicadas, pues, tres dimensiones en el fenómeno social de la discapacidad: la de las prácticas propias (condicionalmente propias, por su singularidad) de las personas con discapacidad, la de su identidad social y la de su posición en la estructura social". (Revista Española de Investigaciones Sociológicas (REIS), N.º 124, 2008, pp. 141-174)*

Es así como, la inclusión de la personas con potencialidades múltiples se puede concretar en la medida en que las organizaciones sociales se dediquen a entender la realidad de esta población desde su perspectiva, al comprender que las condiciones a las que pueda estar inmersa cualquier persona, no le impiden formar parte activa del mundo que le rodea y que simplemente al ajustar algunos detalles que puedan apoyar el armónico desarrollo de estas personas en sus ámbitos correspondientes: escuela, universidad, comunidad, trabajo, empresa turística etc., en esa misma medida nos podríamos habituar a entendernos y valorarnos como partes fundamentales del entorno social al cual aportamos en igualdad de condiciones mejoras para su evolución hacia una sociedad más justa, y que se interprete como positivo el que cada quien cuente con características que nos diferencien.

CAPITULO III

Construyendo la Inclusión: Experiencias desde la praxis académica universitaria sobre el Turismo

Me aboco a la tarea de la inclusión de personas con potencialidades múltiples en el ámbito turístico enmarcado en el espíritu de la investigación – acción que en el criterio de Kemmis, Stephen (2011) es:

"Una forma de indagación introspectiva colectiva emprendida por participantes en situaciones sociales que tienen el objeto de mejorar la racionalidad y la justicia de sus prácticas sociales o educativas, así como su comprensión de esas prácticas y de las situaciones en que éstas tienen lugar".

A partir de la implementación de políticas de Estado para apoyar la inclusión en el aparato turístico, se produjeron varios eventos en el Colegio Universitario Hotel Escuela de Los Andes Venezolanos dentro de los cuales resaltan:

1.- La integración de un profesor-investigador de la comunidad sorda al equipo de trabajo:

Desde al año 2010 para promover los procesos de sensibilización en cuanto a la cultura sorda y el manejo por parte del personal de la institución de la LSV, logrando importantes avances en esta materia abriendo posibilidades de interacción con la comunidad sorda del estado Mérida e integrando a esta comunidad a las actividades de formación que se desarrollan en la institución.

2.- Inicio de escolaridad del primer estudiante Sordo:

En el transcurso del año 2013 inicia sus estudios el primer participante sordo, dando paso a una serie de transformaciones en los diversos contextos de aprendizaje e investigación, buscando armonizar su proceso de inclusión, desde la Coordinación de Bienestar Estudiantil.

- Algunas acciones adelantadas:

2.1.- Asignación de becas:

Se asignaron dos becas una para el estudiante sordo y otra para un(a) compañero(a) oyente que manejara la LSV para la toma de notas en las sesiones de clases y la explicación de los contenidos trabajados en conjunto.

2.2.-Adecuación curricular:

Se aplicó en la dinámica y pedagógica docente en algunas materias, para el óptimo desempeño del estudiante dentro de sus sesiones de clases asumiendo por ejemplo que al ser la lengua escrita una herramienta de interacción poco adecuada para su comprensión y el manejo de quienes integran la cultura sorda, se pudiesen efectuar las actividades tendiendo a algunas dinámicas orales: exposiciones, discusiones, interrogatorios, debates, entre otras, logrando derribar las posibles barreras existentes en el contexto de enseñanza-aprendizaje.

2.3.- Actividades de apoyo:

Asumí apoyarle durante la carrera atento de brindarle colaboración en los ámbitos de fueran necesarios, junto al profesor sordo con quien logramos disminuir a su mínima expresión las posibilidades de contextos excluyentes. Al culminar el estudiante su quinto semestre de carrera, inició sus pasantías administrativas en un área de sumo interés para él, el área gastronómica, específicamente comenzó a desempeñar diversas funciones en la cocina y el restaurante del CUHELAV.

3.- Procesos de sensibilización institucional:

A partir de esta primera experiencia de inclusión comenzamos a trabajar arduamente en procesos de sensibilización y conocimiento de la cultura sorda por parte del equipo de personas que labora en el área, que facilitaron el proceso pues estaban dispuestas a conocer hasta ese entonces un ámbito desconocido, adicionalmente al diagnosticar las necesidades existentes en el área en relación a posibilitar los procesos de inclusión de personas sordas, comenzamos a diseñar su proyecto de investigación que buscaría brindar herramientas para tales fines.

Hoy día el joven sordo logró con éxito la culminación de su carrera universitaria, transformándose en el primer integrante sordo graduado con honores, pues su proyecto obtuvo mención publicaciones, del país como Técnico Superior Universitario en Hotelería y Servicios de la Hospitalidad.

4.- Ampliación en el ingreso de estudiantes con potencialidades múltiples:

Recientemente con la puesta en marcha del Programa Nacional de Formación en Turismo se abren las posibilidades a las licenciaturas y respectivas menciones asociadas a la actividad turística como: Gastronomía, Gestión Turística, Alojamiento y Guiatura Turística, en primer momento. Por consiguiente, el ingreso de estudiantes con potencialidades múltiples se amplía, ingresando una estudiante con autismo de alto nivel de funcionamiento a la carrera de Hotelería y Servicios de la Hospitalidad, quien en la actualidad se encuentra en la última fase de su carrera. De la experiencia con esta estudiante destaco su impresionante capacidad retentiva e inteligencia para resolución de problemas planteados en el contexto formativo.

5.- Incorporación de Intérprete(s) de Lengua de Señas Venezolana (LSV):

Es pertinente mencionar que desde el ingreso del joven con potencialidades múltiples comenzaron a efectuarse las gestiones correspondientes para la integración al equipo de apoyo docente-estudiantil de intérprete(s) en LSV, para apoyar a quienes ahora comienzan con sus estudios en el PNFT aspirando la Licenciatura en Turismo mención en las diferentes menciones, acompañado por dos jóvenes más pertenecientes a la cultura sorda.

Esto consolidó la idea de que la inclusión no solamente implicaba una serie de adecuaciones en cuanto a procesos de atención e infraestructuras dentro del contexto social determinado, sino que también fue necesario dedicar esfuerzos y aún en la actualidad la necesaria permeabilidad y disposición al cambio, que deben estar presentes en quienes integran el contexto, valorando las potencialidades con que cuenta cada individuo. A partir de la perspectiva de quienes forman parte de la cultura sorda, que se encuentran en sus procesos de formación, se han venido construyendo herramientas que promueven la inclusión desde los diversos espacios de la actividad turística, con guías prácticas, materiales audiovisuales, talleres de sensibilización a partir de lo experiencial, entre otras.

6.- Las Prácticas Socio-académicas como Pasantías, Servicios Comunitarios, Proyectos Socio-integradores:

A partir de la promoción por parte del ente rector en la materia MINTUR sobre el Turismo Accesible como una posibilidad en el desarrollo del sistema turístico nacional, se han venido incrementando a su vez las iniciativas de estudiantes en cuanto a este innovador espacio de interacción e inclusión.

7.- Creación de espacios para acompañar los procesos de integración e inclusión de personas con potencialidades múltiples:

Conjugada en dos contextos, el primero traducido en la creación de un área de investigación dedicada al Turismo Accesible como marco para el desarrollo de líneas de investigación dedicadas a solventar problemáticas existentes en los espacios de la actividad turística y social y el segundo ámbito en la concreción de una oficina como espacio que servirá para garantizar que los procesos de integración e inclusión de personas con potencialidades múltiples, para el disfrute a plenitud de la actividad turística sin barreras ni exclusión, por medio de la promoción de estos procesos en el contexto académico, científico y social en general.

La necesidad de interpretar al Turismo Accesible como un espacio proclive para la inclusión social

Poder asumir que la perspectiva de la discapacidad desde el contexto de la actividad turística necesariamente debe comenzar a entenderse de manera diferente, y esto a su vez pudiera incrementar la probabilidad de eliminar la óptica mercantilista que aún tiene el modelo del Turismo Accesible en el contexto mundial, dando pie a que surja una nueva forma de entender esa actividad y el desarrollo de los espacios de la misma.

Pero todo esto es posible, si realmente se asume que las "limitaciones" finalmente las tiene la sociedad como contexto que no reconoce las potencialidades de cada individuo, y las amplias posibilidades para aportar a su ámbito de interacción directa, de participación para transformar dicho contexto, y a su vez que finalmente el turismo pueda comenzar a asumir su nuevo rol como espacio incluyente, para lo cual es fundamental salir de la perspectiva que has la actualidad se mantiene.

La perspectiva del otro para la creación o adecuación de espacios turísticos

Considero que, a partir de la perspectiva del otro, junto con la sensibilización lograda en cada integrante de la comunidad se pueden fortalecer los procesos reconocimiento de cada individuo se pueden lograr espacios para la igualdad y por último al cambiar la perspectiva en cuanto a las condiciones de personas con discapacidad se puede entender que son ellas las que a través de sus particulares potencialidades pueden transformar el contexto y hacerlo realmente incluyente.

Las experiencias con los Servicios Comunitarios

Han sido múltiples los acercamientos a la comunidad de personas con potencialidades múltiples dentro de las que cabe la pena destacar:

- Los procesos de capacitación en diversas áreas como gastronomía (talleres de cocina, panadería, coctelería, entre otras), servicios en áreas de atención (servicios en sala, ama de llaves, entre otras),

- Los talleres de sensibilización en el manejo de LSV, manejo en los procesos de atención adecuada a personas con potencialidades múltiples, así como el manejo del sistema Braille en áreas de atención en empresas turísticas (recepción, restaurantes, habitaciones).

- El apoyo interinstitucional: estas iniciativas y experiencia han sido desarrolladas con el apoyo de instituciones que se dedican a la atención de esta población como el Centro de Atención Integral de Deficiencias Visuales (CAIDV), Asociación Merideña de

Padres y Amigos de Niños Excepcionales (AMEPANE), Escuelas Técnicas en Turismo como la Escuela Técnica María del Rosario Nava, Fundación de Lengua de Señas Venezolana (FUNDALSV), así como la asistencia de la comunidad sorda a las instalaciones del CUHELAV compartiendo experiencias de formación, todas ellas igualmente valiosas para contribuir al fortalecimiento de la inclusión tanto a nivel institucional sensibilizando a quienes integramos los distintos departamentos de la misma, dejando en evidencia las necesidades que tiene la actividad turística accesible a nivel local, nacional e internacional (que hasta los momentos ha sido manejada teóricamente dentro del sistema turístico venezolano).

Las Pasantías como un espacio formativo en áreas operativas y administrativas de las empresas turísticas:

Éstas se llevan a cabo en el período intermedio de la carrera y un espacio en las áreas administrativas que se desarrollan como etapa culminante de la carrera. Al respecto en ambos casos los estudiantes se abocan a desarrollar estas pasantías en diversas empresas turísticas (hoteleras en su mayoría) a lo largo de todo el territorio nacional, destacando propuestas en ambos espacios (operativos y administrativos) en sus distintos departamentos.

Algunas producciones con base en estas experiencias son:

- Elaboración de guías prácticas para la atención de personas con potencialidades múltiples,

- Elaboración de menús en Braille para restaurantes,

- Implementación de estrategias para la inclusión laboral de esta población en los distintos espacios de la actividad turística,

- Elaboración de materiales audiovisuales para la promoción de destinos turísticos en LSV,

- Diseño e implementación de propuestas para adecuaciones en pro del desarrollo del turismo verdaderamente accesible, entre otras.

En cuanto a los procesos de Proyectos Socio-integradores

Recientemente con la introducción del Programa Nacional de Formación en Turismo en la oferta académica del CUHELAV, se abre la posibilidad de ofrecer a estudiantes cursar estudios para optar a cualesquiera de dos salidas o bien como Técnicos Superiores en Turismo, o como Licenciados en Turismo con menciones en Gastronomía, Gestión Turística, Guiatura Turística o Alojamiento, por medio de un proceso continuo en el cual los participantes deben sumergirse en el quehacer de comunidades con el objeto de construir e implementar iniciativas relacionadas con la actividad turística, de acuerdo a sus expectativas conjuntas, así como de las potencialidades para el desarrollo de esta actividad.

Este ámbito ha venido constituyéndose como un escenario apto para concretar no sólo la simbiosis definitiva entre las propuestas desde el ámbito académico abstracto con la realidad tangible de la comunidad y su relación en retroalimentación de saberes y experiencias, sino también la posibilidad concreta y efectiva de dar solución a los problemas más relevantes de la comunidad, dentro de los que destaca la exclusión de personas con potencialidades múltiples como uno de ellos.

Al respecto, he tenido la posibilidad de compartir en otros contextos discusiones profundas sobre aspectos epistemológicos acerca de la concepción que se tiene acerca del Turismo Accesible en el contexto latinoamericano y mundial, así como también conocer las experiencias de otras comunidades y sectores que han implementado iniciativas en materia de inclusión social en el contexto turístico.

Participaciones en eventos: Encuentros, Jornadas y Congresos

- Encuentros con las comunidades y las instituciones en las exposiciones delos proyectos de servicios comunitarios, pasantías y proyectos socio-integradores. Cabe destacar el encuentro con las gerencias de la Red de Hoteles VENETUR para discutir las condiciones de accesibilidad de cada hotel y evaluar los procesos de inclusión de personas con potencialidades múltiples a los mismos, así como la participación en diversos encuentros organizados por la Coordinación de Capacitación del Instituto Nacional de Turismo (INATUR) sobre Turismo Accesible.

- Jornadas de sensibilización y capacitación de comunidades en materia turística, así como del personal de la institución en el manejo de LSV y de atención al público con potencialidades múltiples, entre otras.

- Participación en eventos destacando la participación en el I Congreso Internacional de Antropología del Sur, así como en la Feria Internacional del Turismo en Venezuela (Margarita - 2016), entre otros.

En la construcción de una nueva realidad

En el mes de Enero de 2017, se crea en el Centro Nacional de Investigaciones Turísticas (CENINTUR) el **Área de Investigación sobre Turismo Accesible** como un espacio para apoyar y acreditar iniciativas enmarcadas en perspectiva de accesibilidad en todos los espacios de la actividad turística, dando vida a las propuestas sobre la valoración de cada individuo así como la concreción en la práctica tangible de espacios que finalmente apoyan los procesos de integración e inclusión de personas con potencialidades múltiples dentro del sistema turístico.

Adicionalmente, se trabaja en la creación de la **Oficina para la Atención Especializada a Personas con Potencialidades Múltiples (OAEPPM)**, la cual deberá estar adscrita tanto a la Coordinación Académica como a la Coordinación de Bienestar Estudiantil, en el ahora Núcleo Hotel Escuela de los Andes Venezolanos que a parir del año 2016 se incluye dentro de la transformación universitaria a partir de la creación de la Universidad Nacional del Turismo.

Dentro de las acciones que estarán desarrollándose a partir de la OAEPPM se destacan las siguientes:

- Promoción de los procesos de inclusión laboral, e integración educativa tanto de la población de personas con potencialidades múltiples como de especialistas en la materia que sean requeridos(as): guías intérpretes, intérpretes en LSV, terapistas de lenguaje, entre otros, en las instancias tanto públicas como privadas, asociadas a la actividad turística.

- Acompañamiento en los procesos de integración de estudiantes con potencialidades múltiples en su ámbito de estudio.

- Capacitación y asesoramiento a investigadores(as), docentes, e integrantes de la comunidad acerca de los procesos de integración e inclusión de esta población.

- Diseño, planificación e implementación de planes, programas y proyectos, que promuevan los procesos de integración e inclusión de personas con potencialidades múltiples a los diferentes contextos.

- Desarrollo de eventos (congresos, encuentros, foros, cursos, talleres, diplomados) en materia de integración e inclusión de personas con potencialidades múltiples a la actividad turística.

- Promoción de acuerdos interinstitucionales y comunitarios con el apoyo de especialistas en la materia de Cultura Sorda, Turismo Accesible, Psicopedagogía, Terapistas de Lenguaje, entre otras, que puedan promover espacios para la integración e inclusión de personas con discapacidad.

- Gestión de la asignación de ayudas técnicas a personas con discapacidad, a través de los entes encargados a saber: Consejo Estadal de Atención a Personas con Discapacidad (CEAPDIS), Consejo Nacional para las Personas con Discapacidad (CONAPDIS), Fundación Misión José Gregorio Hernández (FMJGH), Programa de Atención en Salud para las Personas con Discapacidad (PASDIS), entre otras.

- Propuestas de adecuaciones tanto en las mallas curriculares de las carreras en materia de integración e inclusión de personas con potencialidades múltiples, así como en las metodologías y estrategias de enseñanza-aprendizaje de los profesores encargados de las materias existentes en los pensum de estudio del Programa de Formación Turística (PNFT).

- Desarrollo de jornadas de capacitación dirigidos a la comunidad de personas con potencialidades múltiples para brindar herramientas a esta población promoviendo su integración e inclusión en los espacios de la actividad turística.

- Velar por el cumplimiento de las normativas en materia de derechos y deberes de las personas con potencialidades múltiples descritas en las leyes que rigen la materia de la actividad turística y asociadas a esta población.

- Promocionar la creación de espacios en los núcleos restantes de la Universidad Nacional del Turismo para unificar criterios en materia de integración e inclusión de personas con potencialidades múltiples, propuestas por el Área de Investigación de Turismo Accesible del CENINTUR. Esta Oficina debería contar con una sede ubicada en las instalaciones del Núcleo Universitario Hotel Escuela de los Andes Venezolanos, disponiendo para ello de recursos, herramientas y personal especializado en procesos de integración e inclusión de personas con potencialidades múltiples al ámbito turístico, que garantice su óptimo funcionamiento y el cumplimiento de las funciones antes descritas.

Capítulo IV

"Ser diferente es algo muy común"

Afiche del Ministerio del Poder Popular para la Educación (MPPE)

Valorar potencialidades: una manera de anular la discapacidad y erradicar la exclusión

Luego de exponer las experiencias vividas en relación con las características y condiciones que presenta el Turismo Accesible como un espacio proclive para desarrollar los procesos de integración e inclusión de personas con potencialidades múltiples se destacan las disertaciones presentadas en el marco del 1er Congreso Internacional de Antropología del Sur en donde tuve la oportunidad de plantear en el contexto internacional la discusión sobre aspectos relacionados al pasado, presente y futuro del turismo como contexto para el desarrollo de una sociedad más sensible, integral e incluyente.

Los siguientes párrafos son un extracto de los temas planteados en el marco del evento que adicionalmente contaron con la aprobación y el apoyo de los asistentes para continuar en la construcción de una nueva perspectiva del turismo como espacio para la integración e inclusión de las personas con potencialidades múltiples:

Mucho se ha discutido sobre los aspectos epistemológicos referidos tanto al proceso de integración como de inclusión en relación a esta población, llegándose a la conclusión de que el proceso de integración precede a la inclusión permitiendo en el contexto social específico (en este caso el turístico) la participación de personas con discapacidad pero con algunas excepciones en cuanto a la valoración de sus posibles aportes en los procesos que se llevan a cabo en el entorno social que se refiera.

En este sentido, la posibilidad de lograr procesos de inclusión a nivel nuestro americano no se ha concretado aún en el presente concretar espacios para una sociedad más justa en cuanto a igualdad de oportunidades, accesibilidad, y la dinamización de procesos de interrelación armónicos que promuevan la valoración de las potencialidades con que cuenta cada integrante de la comunidad de personas con discapacidad. Por ello, los espacios de la actividad turística que implican de manera intrínseca la interacción social a partir de los servicios y la atención del turista, es a su vez un contexto potencial para que tanto la integración de esta población como la inclusión de manera definitiva puedan pasar a ser prácticas comunes, sostenibles y sustentables en la sociedad.

Tales procesos, de integración e inclusión, han estado sujetos a una visión preestablecida eurocéntrica y contextualizada en otra visión que no termina de asumirse como propia para los países que conforman Nuestramérica, este es el sentido de identificación en cuanto a los procesos que refiere la integración a partir de una idiosincrasia multidiversa, dinámica, empática y mucho más cercana en la interacción de quienes conforman el entorno social latinoamericano. *(Material de las Memorias del I Congreso Internacional de Antropología del Sur realizado en Mérida Venezuela en octubre 2016)*

A partir de un redimensionamiento del Turismo Accesible como espacio potencial para los procesos de integración social de la población de personas con discapacidad (que para efectos de esta investigación he referido denominar *"con potencialidades múltiples"*), a partir de una visión que contempla la valoración de las características culturales que nos identifican a partir de la empatía, el resaltar los aspectos positivos por sobre lo negativo, entre otras características nuestras, que podrían lograr derribar de manera efectiva y definitiva las barreras existentes en la sociedad, que se encuentran enquistadas a partir de dos aspectos fundamentales:

El primero de ellos la valoración de las potencialidades individuales, y el segundo las acciones de transformación hacia una sociedad equitativa basada en las adecuaciones que promuevan procesos de interacción más cercana con las posibilidades de desarrollo armónico de vida de cada uno(a) de los integrantes que forman nuestra sociedad, promoviendo a su vez en un primer momento la integración, para posteriormente la inclusión de las personas con potencialidades múltiples al contexto turístico y social.

En lo que a la práctica se refiere, esta transformación de las perspectivas sobre el Turismo Accesible como un espacio que para promover la integración e inclusión de personas con potencialidades múltiples se puede concretar a partir de las aspiraciones y/o experiencias que ha vivido cada persona interesada en formar parte de la actividad turística como un espacio para interconectarse con el mundo.

Lo anteriormente descrito se construye a partir de una interrelación más empática, destinada a reconocer y valorar los aspectos que dentro de cada persona puedan existir, generando en consecuencia la sensibilización de quienes reciben en ese contexto las personas para apoyarles, comprendiendo que el desarrollo armónico en particular se puede lograr siempre y cuando existan las condiciones adecuadas para visualizar dicho desarrollo desde la perspectiva o la mirada del otro, aportes que nos plantea la otredad o la mirada del otro.

Posteriormente destacan teorías que aportan a la construcción de esta nueva perspectiva como la Teoría de las Inteligencias Múltiples de Howard Gardner que antes mencioné, propiciando el reconocimiento y la valoración de cada tipo de inteligencia en cada persona de esta población que busque integrarse a los espacios y las actividades turísticas y laborales del sector.

Adicionalmente se puede considerar "*la perspectiva el otro*", como una perspectiva más sensible acerca del proceso de enseñanza-aprendizaje descrita por diversos autores (Freire, 1997; Sadurni, 2011), en donde se propone que la retroalimentación existente dentro de cada espacio de interacción acerca de las experiencias y aspiraciones de cada persona con potencialidades múltiples, pueden servir tanto para su integración e inclusión, como para el desarrollo de nuevos espacios que cuenten con las condiciones necesarias para que estos procesos se puedan concretar como en el caso del Turismo Accesible, restando transformar la perspectiva que se tiene en la actualidad sobre este contexto de la actividad turística en cuanto a las necesidades inherentes al derribamiento de las barreras existentes, la valoración de las potencialidades de cada individuo, así como de la transformación de los procesos y espacios de esta actividad.

Para ilustrar las circunstancias indeseables a las que hay que hacerle frente de forma activa, les relato otro ejemplo, en el cual un joven sordo profesionalmente habilitado como Técnico Optometrista en Mérida, que a pesar de estar oralizado (es decir, lee labios y habla perfectamente) "no encaja en el esquema laboral de la empresa". Debido a que la misma pretende mostrar un perfil amplio y entender que las funciones del mencionado Técnico, implican no sólo la fabricación y el armado de lentes sino también el trato comercial con los clientes y la imagen que desea proponer hacia su mercado potencial que fundamentalmente es oyente y no maneja la LSV.

En este caso la empresa podría contratar a la persona sorda para proyectar una imagen de responsabilidad social, para atraer hacia sí un mercado potencial de clientes sordos o con otras discapacidades. Pero la empresa no lo hace, así se evidencia que su incomprensión acerca de las condiciones haciendo gala a su vez de promover una supuesta integración de una *"persona con discapacidad"*, que en efecto no logrará superar la perspectiva del problema individual (que a su vez recae en la comunidad sorda directamente, o sea que termina siendo grupal), únicamente siendo resuelto sólo por la vía asistencialista, determinando finalmente la empresa que sea preferible que el sordo no se encargue de atender al público y se delegue a otras funciones.

Por otro lado, en mi experiencia, las instituciones y personas abocadas al tema de la integración e inclusión intentan generar espacios laborales para trabajadores con potencialidades múltiples o discapacidad, destacando sus cualidades laborales como empeño, dedicación, profesionalismo, y hasta los beneficios económicos secundarios de contratarlos como descuentos en aportes sociales patronales, pero no tienen éxito en la tarea de convencer a los empresarios para contratarlos. Entonces: ¿Qué opera aquí?

Tal vez la imagen previa, prejuiciada, las preconcepciones acerca de la discapacidad: temor al contagio, temor al rechazo por parte de otros trabajadores, temor al rechazo por parte de clientes, temor a una baja productividad, temor a ausencias por enfermedad... o además, temor a tener que hacer ajustes en su esquema laboral o en la infraestructura para asimilar a dicha persona... o tal vez porque su estrecha imagen prototípica de las personas con discapacidad no le permite pensarlas desde ningún lugar productivo.

Para ser contratado, para ser tomada en cuenta, una persona con potencialidades múltiples tiene que demostrar de alguna manera que no es un discapacitado, que de hecho lo que prima en él o ella es otra condición, tal vez profesional, tal vez personal, en la cual debe demostrar un nivel de dominio elevado, superlativo, que permita al otro "olvidar" o dejar de lado la idea de la discapacidad. El individuo con potencialidades múltiples es aceptado cuando demuestra cualidades casi sobrehumanas, deseos de superación, de genialidad, cuando se ubica en el lugar heroico que permita al otro admirarlo por haber podido "superar" su condición de "discapacitado".

Tal el caso de Stephen Hawking, que no es caracterizado como alguien con Esclerosis Lateral Amiotrófica (ELA), sino como un genio de la astrofísica... en todo caso, se reconoce su patología, pero se destaca su genialidad compensatoria y hasta envidiable. De no poder demostrar esto, la persona con discapacidad no encuentra cabida, lo cual conlleva la ausencia de derechos.

Efectivamente, la condición de discapacidad se convierte – jurídicamente hablando – en causa y justificación de ausencia de derechos, en incompatibilidad ciudadana. Y aquí quisiera atender al Diccionario de usos del idioma español, de María Moliner (2007), cuando define la "capacidad" como "Aptitud jurídica para realizar un acto civil o ejercer un derecho: 'No tiene capacidad para testar'", y la "incapacidad" (definición derivada de "discapacidad") como "Causa que incapacita, en particular, legalmente". En sus acepciones legales, el diccionario de María Moliner no hace sino reflejar el pensamiento jurídico y las prácticas legales prevalentes, pero además, siendo que ese diccionario es un libro que refleja los usos del idioma español, evidencia además de modo tajante, la comprensión social sobre la discapacidad. Sordos inhabilitados para votar, porque supuestamente "no entienden" (carecen de la cualidad de inteligencia, de ser pensante – en inglés a los sordos se los llama "dumb" – tontos); discapacitados inhabilitados para ejercer la docencia, porque constituyen un "mal ejemplo" para los educandos; discapacitados a quienes se les niegan títulos, licencia o habilitaciones profesionales, sin los cuales no pueden trabajar; etc.

Estos ejemplos señalan los llamados *mecanismos naturalizados de exclusión*, por Vásquez Ferreira (2008) y que uno podría claramente podría tipificar como discriminatorios. Al referirse a mecanismos naturalizados la autora quiere remarcar las prácticas sociales estructuradas, sistemáticas, típicas, es decir, no aberrantes. Son prácticas que ocurren cotidianamente, sin que sus actores sean necesariamente conscientes de ellas.

> *"Es decir, no pasan por decisiones razonadas o meditadas en lo más mínimo, lo cual no implica que sean irracionales. Sencillamente no son decisiones que se toman. Directamente son prácticas que ocurren de manera automática porque guardan coherencia con una manera de pensar la realidad que ideológicamente torna invisibles a las personas con discapacidad, porque reproducen el lugar históricamente marginal y prescindible asignado a quienes "portan" alguna diferencia, y porque son prácticas heredadas y lo heredado rara vez se cuestiona."* (Tomado de: http://www.rumbos.org.ar/capacidades-y-diferencias-la-dis capacidad-como-construccion social).

En lo que a mi experiencia respecta, en el espacio turístico que es el ámbito del solaz, del esparcimiento, la integración, la visita, la diversión, el asombro, el descubrimiento... no debería haber excusas para romper paradigmas y empezar a ver, a tratar y a disfrutar junto a otros(as) como se disfruta de los buenos amigos y amigas valorándoles por sus potencialidades y no por sus "limitantes".

En la búsqueda del desenlace anhelado...

Hablar de una posible conclusión a la problemática de la exclusión de personas con potencialidades múltiples hasta los momentos no es una realidad, puesto que se debe continuar construyendo desde lo teórico y lo práctico una realidad aspirada por cada vez más integrantes de la sociedad actual.

Lo que es un hecho innegable es que mientras la transformación necesaria de la interpretación acerca de las condiciones de estas personas se establezca con la pertinencia desde la valoración de sus capacidades, y a partir de ellas, los posibles aportes que se puedan generar para la construcción de espacios más incluyentes, deslastrados de la visión minusvalidante y restrictiva que aún hoy en día existe, pudiésemos afirmar que en efecto estaremos en presencia de una sociedad curada del cáncer de la exclusión.

Estoy plenamente seguro que en la medida en que se continúen desarrollando acciones, en cada espacio (educativo, normativo, laboral...) y en cada nivel (primaria, bachillerato, universitario...) esa aspiración podrá concretarse, recalcando que la actividad turística cuenta con potenciales opciones y características para la transformación necesaria.

Dentro de esta transformación necesaria considero que es pertinente dejar de asumir finalmente desde todos los ámbitos, el término de **"Personas con Discapacidad"**, como aún se describe en las leyes y demás ámbitos de la sociedad, para poder comenzar a asumir que quienes integran la población de personas con condiciones que hasta los momentos suelen ser visualizadas consciente o inconscientemente como personas con limitaciones, cuando las mismas están sujetas a la falta de disposición o sensibilidad por parte de quienes conforman su contexto , así como las condiciones que dicho contexto dificulta para el armónico desenvolvimiento de las mismas.

Al comenzar a referirnos a esta población como personas que cuentan con múltiples potencialidades, automáticamente en términos conscientes se está reconociendo que estas personas tienen un valor (que anteriormente no se había considerado) y que en efecto son tan importantes como nosotros mismos para la sociedad, pero más aún cuando representantes de esta población excluida históricamente pueden brindarnos desde sus experiencias las posibilidades de transformar la realidad social.

Considerando entonces que la transformación de la perspectiva que en la actualidad se tiene desde el Turismo Accesible para con esta población, finalmente debe manifestarse a su vez una nueva dinámica en cuanto a la concepción del turismo como un espacio proclive para la integración e inclusión de toda la población, deslastrándonos del beneficio económico de las empresas prestadoras de servicios turísticos como primordial expectativa.

En un plano más tangible y localizado, se debería desde las instancias del Estado Venezolano comenzar a modificar los preceptos legales establecidos en cuanto a las condiciones que deben implementarse en cada espacio de nuestra sociedad para propiciar los procesos de integración e inclusión de la población, esto a partir de las potencialidades múltiples de cada persona y a su vez comenzar a transformar la dinámica en cada uno de los espacios que en el caso de la actividad turística se refiera.

En consecuencia, esta nueva realidad puede concretarse a partir de un espacio más sensible, integrador e incluyente desde las posibilidades que nos brinda el turismo, y más aún desde el principio de que toda actividad turística deba ser accesible. Es así como, paulatinamente se ha venido construyendo una nueva dinámica desde el ámbito de la enseñanza-aprendizaje y de investigación sobre la actividad turística en el Hotel Escuela de Los Andes Venezolanos, recogiendo una serie de experiencias muy valiosas para la oportunidad de continuar intensificando los procesos de transformación de acerca de la concepción del espacio turístico como uno de los escenarios que pueden finalmente lograr que los procesos de inclusión social a partir de sus potencialidades, se puedan plasmar.

Resta entonces, continuar en la implementación de procesos para la transformación en cada espacio de la actividad turística, esto implica cambios en las infraestructuras, adecuación de los procesos de atención, mejoras en cuanto a los servicios que se brindan para la población de personas con potencialidades múltiples, plateadas claro está, desde sus expectativas y necesidades, para propiciar a su vez un verdadero disfrute de las experiencias y los espacios turísticos. Quedando abierta la posibilidad de crear, innovar, y ajustar los procesos en cada nivel y espacio de la sociedad para que las personas con potencialidades múltiples, continúen integrándose y finalmente incluyéndose al contexto por medio de un turismo suficientemente sensibilizado y ganado a tales aspiraciones.

En lo particular continuaré apoyando toda iniciativa, para las transformaciones necesarias para un turismo más equitativo, inclusivo e incluyente, que valore las potencialidades múltiples con que cuenta cada individuo independientemente de su condición, y dejo abiertas las puertas para invitarte a ti que estas leyendo este humilde pero fortalecido constructo de saberes y conocimientos en relación al Turismo Accesible, para que te unas a esta noble causa.

REFERENCIAS

Bibliografías Consultadas:

- ANZOLA, M., "Palabras Calladas", OPSU, Caracas, (2011).

- ANZOLA, M., "Mañana es posible", OPSU, Mérida, (2004).

- ANZOLA, M, "Teorías de la Complejidad". Seminario del Programa de Estudios Abiertos. Colegio Universitario Hotel Escuela de los Andes Venezolanos. Mérida, (2014).

- BARNES, C., "Las teorías de la discapacidad y los orígenes de la opresión de las personas discapacitadas en la sociedad occidental", en L. BARTON (comp.), Discapacidad y Sociedad, Morata S.L., Madrid, (1998).

- CABRA DE LUNA, M. A., "Personas con discapacidad y Derecho: Cuestiones de actualidad y ejes para una renovación jurídica", en la obra Las Múltiples dimensiones de la discapacidad, Estudios en homenaje a Manuel Ruiz Ortega, Escuela Libre Editorial, Fundación ONCE, Madrid, (2003).

- PALACIOS, A., "¿Modelo rehabilitador o modelo social? La persona con discapacidad en el derecho español", en la obra Igualdad, No Discriminación y Discapacidad, Jiménez, E. (Ed.), Ediar-Dykinson, Buenos Aires, Argentina, (2006).

- BRINCKMANN, W., y WILDGEN, J., "Desafíos para los estudiosos del turismo: la construcción de la sociedad inclusiva y del turismo accesible", Cuadernos de Turismo, 11, España. (2003). Enero-Junio, 41-58.

- ORGANICACION MUNDIAL DEL TURISMO. "Declaración de Manila sobre el Turismo Mundial". Filipinas, (1980).

- DELGADO, J. I." Reflexiones sobre el Turismo Accesible".Turismo@Polibea, 6. Real Patronato sobre Discapacidad. Ministerio de Trabajo y Asuntos Sociales. España, (2004).

- EGEA, C. y SARABIA, A. "Clasificaciones de la OMS sobreDiscapacidad". Boletín del Real Patronato sobre Discapacidad. España, (2001).

- FUNDACIÓN TURISMO PARA TODOS (2009). Turismo Accesible. Disponible en: www.turismoaccesible.com.ar. Consultado en: 2015.

- Grunewald, L. y Fernández, A. "Seminario Inclusión Social y Turismo.El Turismo Accesible orientado a la inclusión social". Universidad de Quilmes. Argentina, (2013).

- Kemmis, S. "Investigación-acción". Enciclopedia Internacional de laEducación. Vicens Vives – M.E.C. 3330-3337. España, (2011).

- SORET LAFRAYA, P. "Turismo Accesible para todas las personas».Actas del Congreso Nacional de Discapacidad «Accesibilidad Universal en el siglo XXI". Ponferrada, (2005). Disponible en: www.fundaciononce.es. Consultado en: 2016.

- UNWTO. "Torism for All". Estados Unidos de Norte América, (2001).

Referencias Legales:

- Convención sobre los Derechos de las Personas con Discapacidad, G.A. res. A61/611. Standard Rules on the Equalization of Opportunities for Persons with Disabilities (85th Plenary Meeting 20 December 1993, A/RES/48/96).

- Organización Mundial de la Salud. Carta de Ottawa para la promoción de la salud. In: Primera Conferencia Internacional sobre la Promoción de la Salud; Canadá, (1986).

- Declaración de los Derechos de los Impedidos, Resolución 3447 (XXX) de la Asamblea General. España, (1975).

- Ley para Personas con Discapacidad, Gaceta Oficial Número 38.598. Caracas, República Bolivariana de Venezuela, (2007).

- Ley Orgánica de Turismo Gaceta Oficial Número 5.889. Caracas, República Bolivariana de Venezuela, (2008).